Basteln
mit der Natur

Ravensburger Buchverlag

Inhalt

Waldmännchen aus

Aus Ästen, Eicheln, Moos, Kastanienschalen und Flechten kannst du eine lustige Bande von Waldgestalten basteln. Auf diesen beiden Seiten findest du einige Vorschläge für witzige Tiere und Männchen. Die Anleitung zeigt dir, wie du mehrere Äste miteinander verbinden kannst und wie Moos und Blätter an ihnen befestigt werden. Im Wald findest du sicherlich noch viele Materialien, die hier nicht gezeigt werden. Mit etwas Fantasie kannst du daraus verschiedenste Figuren basteln.

Du brauchst:
Blätter, Moos, Flechten, Eicheln, Beeren, Zweige und andere Naturmaterialien, Bast, Klebstoff

Ästen und Moos

1 Suche einen gegabelten Ast. Binde einen gleich starken Ast mit Bast rechtwinklig daran fest. Dieser Querast stellt die Arme dar.

2 Nun kannst du deiner Figur wärmende Kleider und struppige Haare geben. Beklebe dazu die Äste dick mit Moos.

3 Blätter, die du an deine Figur klebst oder mit Bast befestigst, werden zu Röcken oder T-Shirts. Als Augen dienen die Becher der Eicheln.

Mini-Gewächshäuser

Lege dir einen eigenen Garten in diesem Mini-Gewächshaus an. Stelle das mit Grünpflanzen ausgestattete Glasgefäß auf einen Tisch oder ein Regal. Dort ist es ein wunderschöner Blickfang.

Du brauchst:
1 hohes Einmachglas oder 1 Gefäß mit weiter Öffnung,
Kiesel oder kleine Steine, Holzkohle,
Blumenerde,
kleinwüchsige oder junge Grünpflanzen, die Feuchtigkeit lieben, wie Farne, Hüllenklaue oder Fettkraut,
Steine, Holzstückchen oder Muscheln,
Esslöffel

Tipp
Pflanzen in offenen Gefäßen musst du etwa zweimal pro Woche mit Wasser besprühen, ertränke sie aber nicht! Wenn du ein verschließbares Gefäß wählst, musst du weniger oft gießen, denn die Feuchtigkeit kann nicht entweichen. Bilden sich an den Glaswänden Tröpfchen, dann öffne das Gefäß für einige Zeit.

selbst bepflanzt

1 Hohe Gefäße werden gekippt. Dann legst du eine Schicht Kiesel auf den Boden des Glases.

2 Zerbröckle die Holzkohle in sehr kleine Stückchen und verteile sie auf den Kieseln. Sie dient als Dünger.

3 Gib mit dem Esslöffel eine mindestens 5 cm dicke Schicht Blumenerde auf die Holzkohle.

4 Nimm die Pflanzen aus ihren Töpfen. Grabe Löcher in die Blumenerde und setze in jedes Loch eine Pflanze ein. Drücke die Erde rund um die Pflanzen fest. Setze die Pflanzen nicht zu dicht aneinander, damit sie Platz zum Wachsen haben.

5 Dekoriere deinen kleinen Garten mit Steinen, einzelnen Muscheln oder Holzstücken.

6 Sprühe mit einem Zerstäuber Wasser auf die Erde und auf die Pflanzen. Stelle das Glas dann an den vorgesehenen Platz. Wähle einen hellen Standort, damit deine Pflanzen gut wachsen.

Futternapf für Vögel

Im Winter leiden Vögel oft Hunger, denn auf den schneebedeckten Wiesen und Feldern finden sie keine Nahrung. Hilf ihnen mit diesem gut getarnten Futternapf, den du ganz leicht selbst basteln kannst.

Du brauchst:
Blätter von Laubbäumen, Löschpapier, schwere Bücher, 1 runde hölzerne Käseschachtel, doppelseitiges Klebeband, Schnur, 1 kleine Plastikflasche, Gersten- und Weizenkörner oder Sonnenblumenkerne, kleine Schere

1 Lege die im Wald gesammelten Blätter zwischen Löschpapier und presse sie zwischen dicken Büchern. Die gut getrockneten Blätter klebst du mit doppelseitigem Klebeband an den Rand der Käseschachtel. Beklebe Außen- und Innenseite.

Schutz vor Katzen
Gersten- oder Weizenkörner und Sonnenblumenkerne: Dieses Futter lockt viele Vögel in deinen Garten. Doch Vorsicht! Den Futternapf musst du so hoch in den Baum hängen, dass ihn Katzen nicht erreichen können. Mit Vorliebe schleichen sie sich nämlich an gut besuchte Futterstellen heran, greifen die überraschten Vögel an und fressen sie.

2 Schneide alle Blattteile ab, die über den Schachtelrand hinausragen. Beklebe den Rand mit Schnur. Bohre auf beiden Seiten je ein Loch in die Schachtel. Lasse dir bei dieser Arbeit am besten von einem Erwachsenen helfen.

3 Bitte einen Erwachsenen den Boden der Flasche abzuschneiden. Beklebe die Flasche mit Blättern. Bohre auf beiden Seiten ein Loch in die Flasche. Durch dieses ziehst du eine Schnur, an der du den Futternapf aufhängen kannst.

Der Abstand zwischen Flasche und Schachtel sollte so groß sein, dass die Vögel Körner und Samen aus der Flasche ziehen können.

4 Bohre nun zwei weitere Löcher in die Flasche. Sie müssen zwischen den ersten Löchern stehen. Ziehe eine zweite Schnur durch die neu gebohrten Löcher.

5 Verbinde Schachtel und Flasche. Stelle dazu die Flasche in die Käseschachtel und ziehe die Enden der zweiten Schnur durch die Löcher im Schachtelrand. Verknote die Enden im Schachtelinneren.

6 Fülle die Flasche nun mit Vogelfutter. Es eignen sich Sonnenblumenkerne, Gersten- oder Weizenkörner. Hänge den Futternapf in einen Baum des Gartens und sorge dafür, dass er immer gefüllt ist.

Bunt gefärbte Blumen

Hast du schon einmal blaue Margeriten, rote Gänseblümchen oder dunkelblaue Lilien gesehen? Mit ein wenig Farbe und etwas Geduld kannst du weiße Blüten in allen möglichen Farben erblühen lassen!

In Stiel, Blättern und Blütenblättern einer Blume gibt es feine Kanäle, die so genannten Gefäße. Durch sie steigt Wasser und damit auch die Farbe in alle Teile der Blume.

Du brauchst:
weiße Blumen,
Lebensmittelfarbe oder farbige Tinte,
Vase, Messer

1 Gieße Lebensmittelfarbe oder farbige Tinte in eine große, mit Wasser gefüllte Vase.

2 Schneide die Stiele deiner Blumen sehr schräg ab, damit sie das Wasser gut aufnehmen können.

3 Entferne die unteren Blätter von den Stielen, sodass später nur die Stiele im Wasser stehen.

4 Stelle die Blumen in die Vase mit dem Färbemittel.

5 Lasse die Blumen nun einige Tage stehen und Wasser ziehen. Langsam nehmen die Blüten nun eine andere Farbe an, die mit der Zeit immer intensiver wird.

Bilderrahmen

Ein Bild, das dich an deine Ferien am Meer erinnert, ist in diesem Rahmen perfekt aufgehoben. Sorge schon im Urlaub für diese Bastelarbeit vor und sammle gut erhaltene Schalen verschiedener Muschel- und Schneckenarten.

Du brauchst:
lufttrocknende Knetmasse, 1 Passepartout, Muschel- und Schneckenschalen (gut gesäubert), 1 kleinen Klebehaken, Nudelholz, Modellierholz

mit Muscheln

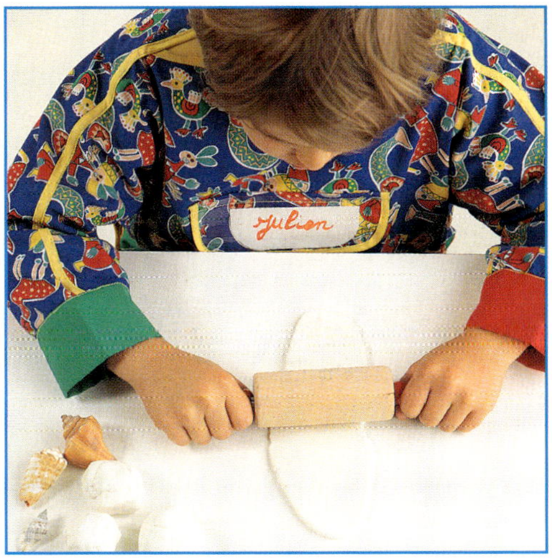

1 Rolle die Knetmasse mit einem Nudelholz aus. Es sollten gleichmäßig dicke Streifen entstehen, die etwas länger als die Seiten des Passepartouts sind.

2 Schneide die Streifen passend für den Rahmen zu. Die äußere Seite kann gewellt sein, die Eckkanten schneidest du im 45-Grad-Winkel zu. Bitte einen Erwachsenen um Hilfe.

3 Lege die Rahmenteile auf das Passepartout und drücke sie gut fest. Umrande den Rahmen mit dünnen Rollen aus Knetmasse. Lege die ersten Muscheln auf.

4 Schmücke deinen Rahmen rundum mit Muscheln und drücke diese leicht in die Knetmasse. Lasse alles gut trocknen. Klebe dann den Klebehaken auf die Rückseite.

Laubhütte im Wald

1 Bitte einen Erwachsenen mit dir in den Wald zu gehen und Farnblätter zu sammeln. Das ist dein „Baumaterial“.

2 Suche für deine Hütte einen geeigneten Bauplatz. Wähle eine Gruppe von vier Bäumen aus, die in etwa ein Rechteck bilden.

3 Spanne zwischen den Bäumen eine Schnur und begrenze so deine Hütte. Die Höhe der Schnur markiert das Blätterdach.

Was hältst du von einer Hütte im Wald? Bitte einen Erwachsenen mitzuhelfen und schon kann es losgehen. Du musst Farne sammeln, einen Bauplatz wählen und Dach und Mauern errichten. Dann kannst du deine Hütte beziehen.

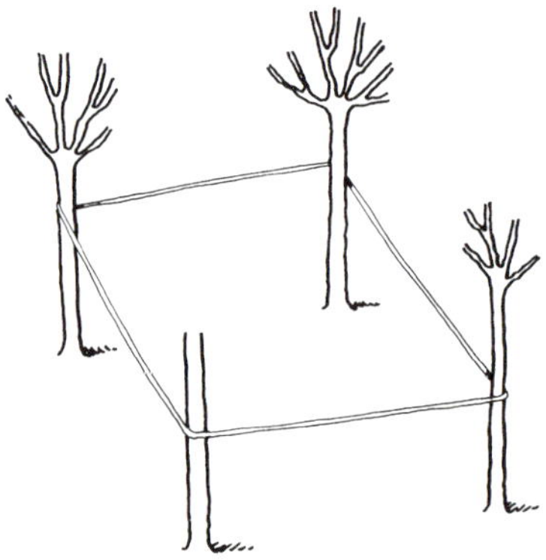

Vier Bäume bilden die Ecken deiner Hütte. Die Bäume sollten 2 bis 3 m voneinander entfernt stehen. In Schulterhöhe eines Erwachsenen werden die ersten Schnüre gespannt.

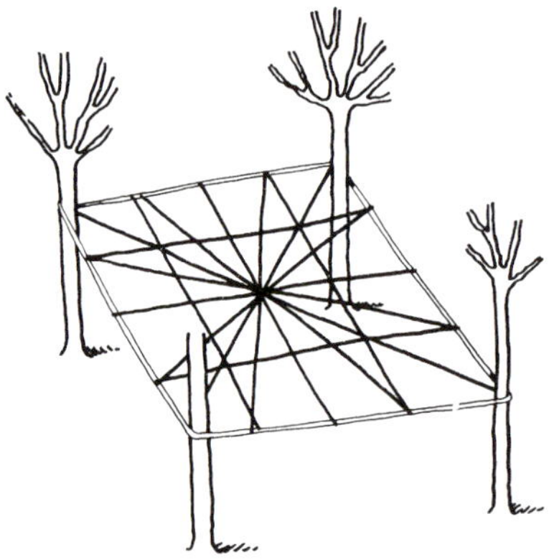

Für das Dach spannt man zunächst zwei Diagonalen. Von diesen ausgehend kannst du ein Netz aus weiteren diagonal, quer und längs gezogenen Schnüren anlegen.

Du brauchst:
Farne, Schnur, Schere, Nagel, Hammer

4 Die Tür besteht aus einer Schnur, die an die Dachschnur geknotet und mit einem langen Nagel im Boden verankert wird.

5 Spanne weitere Schnüre im Abstand von 40 cm zwischen den Baumstämmen. Dann ziehst du das Dachnetz (siehe Grafik links).

6 Anschließend kannst du das Dach decken. Lege dazu die Farne dicht an dicht auf die Schnüre. Das Blätterdach muss gut decken.

7 Flicht die Wände, indem du die Farne einmal von vorne, dann von hinten an den Schnüren vorbeiziehst.

8 Überprüfe die Hütte auf undichte Stellen und fülle diese gegebenenfalls mit Farnen.

Pflanzenpresse

Wenn du die herbstlich gefärbten Blätter der Laubbäume in einem Album sammeln möchtest, musst du sie zuerst gut trocknen. Verwende dazu diese Pflanzenpresse, die leicht selbst zu bauen ist. Lasse dir aber bei den Bohrarbeiten von einem Erwachsenen helfen.

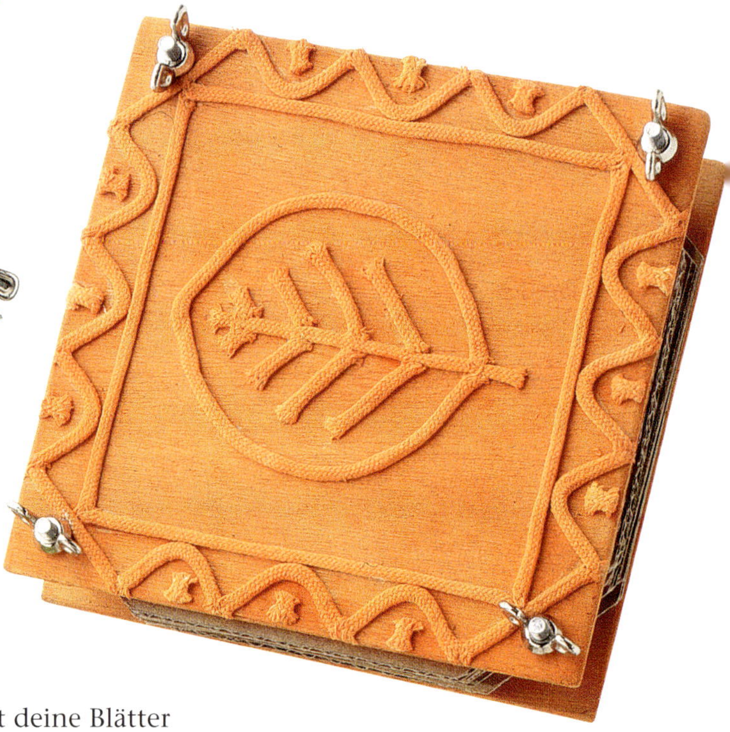

Du brauchst:
2 Holzplatten (20 x 20 cm groß, 0,5 cm dick), 4 Gewindeschrauben (5 cm lang) mit passenden Flügelmuttern, Schnur, Klebstoff, Acrylfarben, Holzlack, Pappkarton, Löschpapier, Pinsel, Schere, Lineal, Handbohrer

Damit deine Blätter schön werden, musst du sie mindestens zwei Wochen lang pressen.

1 Bohre mit dem Handbohrer je ein Loch für die Flügelschrauben in die vier Ecken der Platten. Die Löcher stehen 1 cm vom Rand entfernt.

2 Male mit dem Bleistift ein Muster auf eine der Holzplatten. Wenn du gerade Linien ziehen möchtest, verwendest du am besten ein Lineal.

3 Schneide die Schnur in Länge deiner Musterlinien zu und klebe sie mit Klebstoff auf die Platte. Lasse den Klebstoff gut trocknen.

4 Bemale die beiden Platten mit Acrylfarbe, die du mit Wasser verdünnst. Die getrockneten Platten kannst du mit Holzlack streichen.

5 Schneide aus dem Pappkarton drei 20 x 20 cm große Stücke zu. Aus dem Löschpapier schneidest du sechs ebenso große Stücke zu. Die Ecken von Pappkarton und Löschpapier werden abgetrennt, sodass die Papiere später zwischen den Schrauben liegen können.

6 Baue die Presse nun zusammen: Stecke die Schrauben durch die untere, nicht geschmückte Holzplatte. Lege darauf ein Stück Pappkarton und ein Blatt Löschpapier. Dann folgen ein Laubblatt, ein Blatt Löschpapier, wieder ein Stück Pappe und so fort. Ganz oben liegen ein Stück Pappe und die verzierte Holzplatte. Schraube die Flügelmuttern auf und drehe sie fest.

Die getrockneten Blätter befestigst du am besten mit Klebestreifen in deinem Album.

Niederschlags-messer

Wetterkundler messen regelmäßig die Niederschläge, also Regen und Schnee, eines bestimmten Gebietes und vergleichen die Werte über viele Jahre hinweg. Wenn du wissen willst, wie viel Regen an deinem Wohnort fällt, benötigst du einen Niederschlagsmesser.

Die Niederschlagshöhe (N.höhe) berechnest du folgendermaßen:

$$\text{N.höhe} = \frac{\text{Durchmesser der Flasche}}{\text{Durchmesser des Trichters (oberer Rand) x Höhe des Wassers in der Flasche}}$$

Eine Niederschlagshöhe von 1 mm entspricht einer Niederschlagsmenge von 1 l pro m^2.

1 Reinige deine Flasche und entferne alle Etiketten. Klebe einen Streifen farbiges Klebeband längs auf die Flasche. Achte darauf, dass das Band gerade verläuft.

2 Lege ein Lineal an den Klebestreifen und zeichne die Skala ein, an der du den Wasserstand ablesen kannst. Ziehe dazu alle 5 mm einen Strich mit dem wasserfesten Filzstift.

3 Miss den Regen. Dafür stellst du deinen Regenstandsanzeiger draußen auf den Boden, liest die Skala jeden Abend zur selben Zeit ab und berechnest die Niederschlagsmenge (siehe Kasten). Trage die Niederschlagsmenge und das Datum in ein Heft ein. So weißt du, an welchem Tag es in deiner Region am meisten geregnet hat.

Du brauchst:
1 Flasche oder 1 Flakon mit flachem Boden, Trichter, wasserfesten Filzstift, farbiges Klebeband, Lineal, Schere

Leckereien für Vögel

Da die Vögel im Winter wenig Futter finden, kommen sie gern in deinen Garten oder an dein Fensterbrett, um dort zu fressen. Lege Körner für sie bereit oder mische einen Futterblock, den du in einen Baum hängen kannst. Im Frühling, Sommer und Herbst, wenn die Natur ausreichend Nahrung zur Verfügung stellt, solltest du die Vögel nicht füttern.

Du brauchst:
Jogurtbecher, Körnermischung, Schweineschmalz (beim Metzger erhältlich), Eisendraht, Drahtschere

1 Stelle das Schweineschmalz in die Nähe der Heizung und lasse es weich werden. Mische die Körner sorgfältig unter das Fett.

2 Fülle die sauberen Jogurtbecher mit der Mischung. Stecke einen s-förmig gebogenen Draht in das Fett. Lasse das Fett erkalten.

3 Wenn das Fett erkaltet und damit wieder hart ist, löst du es aus dem Jogurtbecher. Nun kannst du die Futterblöcke an die Äste eines Baumes drahten.

Tipp
Gib den Vögeln im Winter Körner (Sonnenblumenkerne, Mais, Hirse, Hafer, Weizen, Sesam, Gerste), zerbröckelte Kekse, fein geschnittenes altbackenes Brot, Speck, Käsestückchen und frische oder getrocknete Früchte. Damit sie auch zu trinken haben, gießt du warmes Wasser in den Untersetzer eines Blumentopfes. Wechsle das Wasser regelmäßig und sorge dafür, dass es nicht gefriert.

Ein duftendes

Ein herrlicher Duft durchzieht dein Zimmer oder sogar die ganze Wohnung, wenn du dir dein eigenes Potpourri zusammenstellst. Wechsle ab und zu die Duftnote. Für den Winter und Herbst eignen sich schwere Düfte, Frühling und Sommer verlangen nach frischen Duftnoten.

Mit einem Potpourri aus verschiedenen Zapfen, Sternanis, getrockneten Blättern, Flechten, Orangenscheiben, Gewürznelken und Sandelholzöl kehrt der Winter in dein Zimmer ein.

Du brauchst:
frische Blumen (Rosen, Lavendel, Strohblumen), 1 Zitrone oder Limette, 1 Orange, grobkörniges Salz, Zimtstangen, Sternanis, Lavendel- und Bergamottöl, Küchentuch, Einmachglas, Schale, Messer

1 Pflücke die Blütenblätter von den Blumen. Verteile sie auf einem Küchentuch und lasse sie einige Tage lang trocknen.

2 Schneide die Zitrusfrüchte in Scheiben. Lege sie auf ein Backblech und trockne sie eine Stunde bei niedriger Temperatur im Ofen.

4 Gib getrockneten Lavendel, Sternanis und Zimtstangen zu den Blüten. Tröpfle etwas Parfümöl in das Einmachglas.

5 Eine Woche lang musst du nun täglich die Blüten und Gewürze vorsichtig mischen. Dann sollten sie einen Monat ruhen.

Potpourri

Mische das Potpourri von Zeit zu Zeit, damit alle Blüten und Gewürze einmal an der Oberfläche liegen und ihren Duft verströmen können. Wenn dein Potpourri nach einiger Zeit nicht mehr duftet, frischst du es mit ein Paar Tropfen Parfümöl auf. Um den Duft länger zu erhalten, kannst du kleine Kieselsteine, Ziegelstückchen oder Puder aus den Wurzeln der Schwertlilien unter die Blüten mischen, denn diese Materialien bewahren den Duft gut.

3 Schichte in ein Einmachglas abwechselnd mehrere Lagen Blütenblätter und grobkörniges Salz.

6 Fülle dein Potpourri in eine Schale. Lege die getrockneten Zitronenscheiben dazu und tröpfle nochmals wenig Parfümöl darauf.

Platzsets aus Blättern

Verwandle deinen Tisch in eine grüne Oase. Mit diesen Sets kannst du nicht nur deinen Essplatz schön gestalten, sondern auch deinen Eltern, Geschwistern und Freunden eine tolle Überraschung bereiten.

Du brauchst:
1 Bogen Pappe (40 x 30 cm), grüne Blätter, Küchentuch, Geschenkband aus Satin (2,20 m lang), Klebstoff, Schere

1 Reinige die Blätter mit einem feuchten Küchentuch. Klebe sie überlappend auf die Pappe.

2 Schneide Blattteile, die über die Pappe ragen, ab. Der Rand muss gerade sein.

3 Umklebe die Ränder des Sets mit Geschenkband. Lasse die Streifen an den Ecken 10 cm überstehen.

Die Blätter von Birken, Pappeln, Buchen und Efeu eignen sich sehr gut für deine Platzsets. Hübsch machen sich darauf auch Getreidehalme und -ähren.

4 Verknote die überstehenden Enden der Streifen und ziehe die Knoten fest. Hübsch sieht es auch aus, wenn du die Bänder zu kleinen Schleifen legst.

5 Die Ecken dekorierst du nach Belieben mit Blüten, kleinen Zapfen oder den Früchten des Efeus. Klebe die Materialien mit Klebstoff dicht unter die Knoten.

Stachlige Kresse-Tiere

Wer hat die längsten Stacheln? Mit ihrem Rücken aus kräftig sprießender Kresse machen sich diese Tiere gegenseitig Konkurrenz. Ihre Stachelpracht wird allerdings nicht von langer Dauer sein. Denn nur wenige Tage nachdem die Kresse gesät wurde, ist auch schon Erntezeit: Dann landet das feine Küchenkraut auf Butterbroten oder im Salat.

Du brauchst:
1 Feinstrumpf, feinen Kiesel, Gartenkresse-Samen, 2 Knöpfe, 1 Holzkugel, 3 Büroklammern, Schüssel, Esslöffel

Knopfaugen und Kugelnase des Igels werden mit Büroklammern festgesteckt.

1 Verknote das Ende des Strumpfes. Stülpe die Außenseite nach innen, sodass der Knoten innen liegt.

2 Fülle mit einem Esslöffel feinen Kiesel in den Strumpf. Das Gewebe darf sich dabei ruhig dehnen.

3 Schließe den Strumpf wie einen Luftballon, indem du einen festen Knoten machst.

4 Lege den mit Kiesel gefüllten Strumpf so auf einen Teller, dass der Knoten unten liegt. Bringe den Strumpf in Birnenform.

5 Mische in einer Schüssel Kressesamen mit wenig Wasser. Streiche diese Paste auf den Igelkörper und glätte sie mit den Fingern.

Leuchtend rote Holzperlen dienen diesem Kressetier als Mund und Augen.

Für diese freundliche Raupe benötigst du einen langen Feinstrumpf. Nachdem du ihn mit Kiesel gefüllt hast, bindest du die einzelnen Segmente mit Schnur oder einem dicken Faden ab.

Bilder aus

Bei deinen Spaziergängen durch den Wald, in den Bergen oder am Meer kannst du prima Blätter, Federn, Nüsse oder Muscheln sammeln. Ganz groß raus kommen deine gesammelten Objekte, wenn du sie in einem hübschen Bilderrahmen unterbringst und dann ausstellst.

Du brauchst:
1 Bilderrahmen, Pappkarton, Filzstift, Klebstoff, Pinsel, farbiges Recyclingpapier, Acrylfarben, verschiedenste Naturmaterialien, Schere

1 Verdünne die Farben mit Wasser und bemale den Bilderrahmen. Du kannst auch geometrische oder Fantasiemotive auf den Rahmen malen. Lasse die Farbe trocknen.

2 Zeichne auf den Karton ein Rechteck, das genauso groß ist wie der gesamte Rahmen. Schneide nun das Rechteck vorsichtig mit der Schere aus.

3 Klebe den Rahmen auf den Karton. Lege alle Materialien bereit, die du gesammelt hast: getrocknete Blätter, Flechten, Rindenstücke, Schneckenhäuser, Nüsse …

Naturmaterialien

Du kannst deine Ausstellungsstücke nach vielen verschiedenen Gesichtspunkten ordnen: Fasse zum Beispiel in einem Rahmen alle Objekte zusammen, die du in einer bestimmten Region gefunden hast. Oder stelle Blätter und Früchte verschiedener Bäume nebeneinander zum Vergleich.

Hebe nur Blätter auf, die auf dem Boden liegen. So schädigst du die Bäume nicht. Schlage Pflanzen, Muscheln oder Steine, die du nicht kennst, in einem Buch nach.

4 Wähle die Dinge aus, die du in deinem Rahmen ausstellen willst. Ordne die Gegenstände auf deinem Bild an und klebe sie dann auf.

5 Schneide Papieretiketten aus Recyclingpapier zu und beschrifte sie mit dem Namen und dem Fundort der gesammelten Objekte. Klebe die Etiketten neben die Gegenstände.

Blumenübertöpfe

Ein Mantel aus Zweigen steht jedem Blumentopf gut, egal ob es sich um einen wertvollen Bonsai oder eine schlichte Grünpflanze wie den Efeu handelt. Aber auch eine Vase mit Rosen ist darin gut aufgehoben. Achtung, diese Übertöpfe haben keinen Boden, sondern schmücken nur den Topfrand. Beim Gießen musst du also einen Teller oder eine Schale unterstellen.

1 Sammle dünne Äste und schneide Seitentriebe, Blätter und Blütenansätze ab. Dann werden die Äste in gleich lange Stücke von etwa 12 cm Länge zerteilt.

5 Zur Dekoration kannst du aus zwei Ästen feine Bögen bauen, die du an die vier Ecken klebst.

aus Zweigen

2 Schneide zwei Schnüre von je 2 m Länge zu. Nimm sie jeweils doppelt. Knote eine Schnur an ein Ende, die andere an das gegenüberliegende Ende eines Astes.

3 Befestige nun die anderen Äste, indem du die Schnüre über Kreuz einmal über, einmal unter den Ästen vorbeiführst. Nach rund 50 cm beendest du die Arbeit mit einem Knoten.

4 Stelle das Geflecht zu einem Quadrat auf und verbinde die offenen Seiten mit Schnur. Bei Bedarf verstärkst du das Innere des Korbes mit kleinen Zweigen.

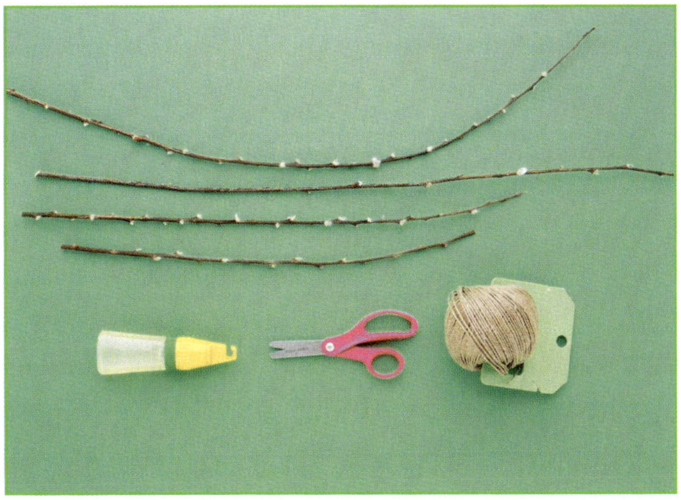

Du brauchst:
kleine Äste, Schnur, Klebstoff, Schere

Herbarium

In einem Herbarium sammeln Pflanzenkundler getrocknete Pflanzen und Pflanzenteile. Damit du dein eigenes Herbarium auch entsprechend ausstatten kannst, musst du zuerst im Garten, auf Wiesen und in Wäldern Pflanzen sammeln. Presse sie in einer selbst gebastelten Pflanzenpresse (siehe Seite 18) und klebe sie auf Papier, das du schön gestaltest. Lege eine Mappe an, in der du deine Werke sorgsam aufbewahrst.

Du brauchst:
naturfarbenes Recyclingpapier (DIN A4), Blätter, Blumen, Gräser, transparente Folie, Klebeband, farbiges Klebeband aus Papier, Alleskleber, Schere

1 Lege das getrocknete Blatt auf ein Blatt Recyclingpapier. Klebe es mit Klebstoff fest, den du an wenigen Punkten aufträgst.

2 Schneide die Folie zurecht. Sie sollte etwas größer als dein getrocknetes Blatt sein und es vor Staub und Schmutz schützen. Lege die Folie auf das Blatt.

3 Schneide die Klebestreifen zu. Du kannst sie gestalten, indem du mit der Schere Muster wie Zickzacklinien in sie schneidest. Befestige die Folie nun mit den Klebebändern.

In vielen Fällen wird dich die Form eines Blattes oder die Farbe einer Blüte zur Gestaltung deiner Seiten anregen. Auf dem Bild oben stehen die harten Kanten des Zickzackbands den weichen, runden Linien des Mohns gegenüber. Mit der Auswahl des roten Klebebands aber wurde die Farbe des Mohns aufgenommen.

Nimm auf deine Spaziergänge einen Pflanzenführer mit, in dem du die Namen von Bäumen und Blumen nachschlagen kannst. Das wohl berühmteste Nachschlagewerk für Pflanzen hat Carl von Linné (1707–1778) geschrieben. Hinter vielen Pflanzennamen steht ein L für Linné. Das heißt, dass der schwedische Naturforscher diese Pflanze erstmals beschrieben und benannt hat.
Wenn du Blätter und Blüten pflückst, dann gehe vorsichtig und achtsam mit den Pflanzen um. Reiße sie nie mitsamt der Wurzel aus. Pflücke in keinem Fall geschützte Pflanzen!

Osternest mit

Wer dieses Osternest finden möchte, muss nur seiner Nase folgen. Die Mooseier liegen nämlich inmitten von herrlich duftenden Küchenkräutern.

Du brauchst:
Drahtnetz, frisches Moos, Klebeband, Schnur, Schere, Thymian, Lorbeer, Lavendel, Stroh, Deko-Bänder, ausgeblasene Eier

Osternest

1 Forme aus dem Netz ein rundes Nest. Biege Drahtspitzen um, damit du dich nicht verletzt.

2 Stecke Thymian-, Rosmarin-, Lorbeer- und Lavendelzweige innen und außen in das Netz.

Mit den Küchenkräutern Thymian, Lorbeer und Rosmarin bastelst du ein duftendes Nest.

Mooseiern

Bastle ein Duftei für deinen Schrank. Stecke dazu Lavendelzweige in das Moos – sie halten Motten fern.

Moosei

1 Wasche das Ei vorsichtig aus und lasse es gut trocknen. Klebe das Ende der Schnur mit Klebestreifen auf dem Ei fest.

2 Umhülle das Ei dick mit Moos. Die Schale darf an keiner Stelle durch das Moos leuchten. Nur die Schnur sollte noch herausragen.

3 Wickle die Schnur um das Ei, ziehe sie aber nicht zu fest. Mache einen Knoten und schneide die Schnur ab. Verstecke das Schnurende im Moos.

4 Knote ein Deko-Band um das Ei und lege eine Schleife. Nun kommt das Ei in sein Nest aus duftenden Kräutern.

Ein japanischer

Japan ist berühmt für seine schönen Landschaftsgärten. In diesen sehr klar geordneten Anlagen schwingen sich schmale Kies- und Steinwege um sorgfältig gestaltete Pflanzeninseln; kleine Bäche, über die Brücken führen, fließen an hübschen Pavillons und Ruheplätzen vorbei. Bevor du die Miniaturausgabe eines solchen Gartens anlegst, solltest du genau planen.

1 Lege einige Tonscherben über das Bodenloch deines Pflanzgefäßes. Fülle das Pflanzgefäß mit Kakteenerde. Klopfe die Erde leicht fest.

2 Bestimme, wo die einzelnen Pflanzen stehen sollen, und grabe dort kleine Löcher. Setze die Kakteen ein und schiebe die Erde wieder dicht an die Pflanzenballen heran. Gieße die Kakteen nun mit wenig Wasser.

Miniaturgarten

3 Lege ein Stück Deko-Moos hinter die Kakteen und setze einen oder zwei Steine daneben.

4 Verteile nun farbigen Sand auf der Erde. Achte darauf, dass sich die Farben dabei nicht mischen.

5 Schließe die Arbeiten ab, indem du die Dekorationsgegenstände in deinem Garten verteilst.

Tipp
Pass auf! Einige Kakteen haben sehr spitze, harte Stacheln. Ziehe Handschuhe an, bevor du sie anfasst. Kakteen brauchen nicht sehr viel Wasser. Es genügt, wenn du deinen Garten einmal pro Woche mit Wasser besprühst.

Du brauchst:
1 Pflanzgefäß, Tonscherben, Kakteenerde, verschiedene Kakteenarten, farbigen Sand, Steine, Deko-Moos, Dekorationsgegenstände, kleine Gartenwerkzeuge, Gartenhandschuhe

Die Deutsche Bibliothek – CIP Einheitsaufnahme

Ein Titeldatensatz für diese Publikation ist bei Der Deutschen Bibliothek erhältlich

Die Schreibweise entspricht den Regeln der neuen deutschen Rechtschreibung.

3 2 1 02 03 04

Titel der Originalausgabe: Bricolage nature

Übersetzung aus dem Französischen: Marika Reiwer
Redaktion: Ursula Klocker
Satz: Sabine Dohme
Umsetzung: Herstellungs- und Produktionsgemeinschaft
Sabine Dohme und Ursula Klocker, München
Umschlagfoto: Ulrich Niehoff
Umschlaggestaltung: Dirk Lieb

Printed in Germany
ISBN 3-473-37815-1
www.ravensburger.de